BLABLA BLABLA DRIIIING DRIIIING

BLABLA BLABLA BLABLA BLABLABLA

BLABLA BLABLABLA BLA BLABLA

BLABLABLABLA DRIIIIING BLABLABLA

BLABLA BLABLABLABLABLA BLA BLA

BLABLA STOP BLABLABLABLABLA BLA

BLABLABLABLA VIIIIITE BLABLABLA

DRIIIIIIIIIIIING BLABLABLABLA

RETARD SUPER EN RETARD BLABLABLA

BLABLABLABLABLABLABLA R ABLA

DRIIING BLABLA BLABLA C SS

BLABLA BLABLA BLABLABLABLABLA

CÂLIN SUPER RAPIDE BLABLABLA BLA

DRIIIIIIIIIIING DRIIIIIING BLABLA

RETARD RETARD RETARD RETARD

CÂLIN CÂLIN CÂLIN CÂLIN CÂLIN

d'après une idée de mon fils Édouard

Loi 49956 du 16 juillet 1949,
sur les publications destinées à la jeunesse.
Dépôt légal : mars 2011
ISBN 978-2-211-20303-6

Mise en pages : *Architexte*, Bruxelles
Photogravure : *Media Process*, Bruxelles
Imprimé en Italie par *Grafiche AZ*, Vérone

Émile Jadoul

CÂLIN EXPRESS

Pastel
l'école des loisirs

Attention, attention !

Le papa express de 7h30 va partir dans moins d'une seconde.

Attention au départ !

C'est partiiiii !

Câlinexpressssà

cesoiiiiiiiiiiiir !

Tous les jours,
c'est pareil.
Mon papa,
c'est un P.G.V.

Un Papa
à Grande Vitesse !

Moi,
j'aime pas
les câlins express.

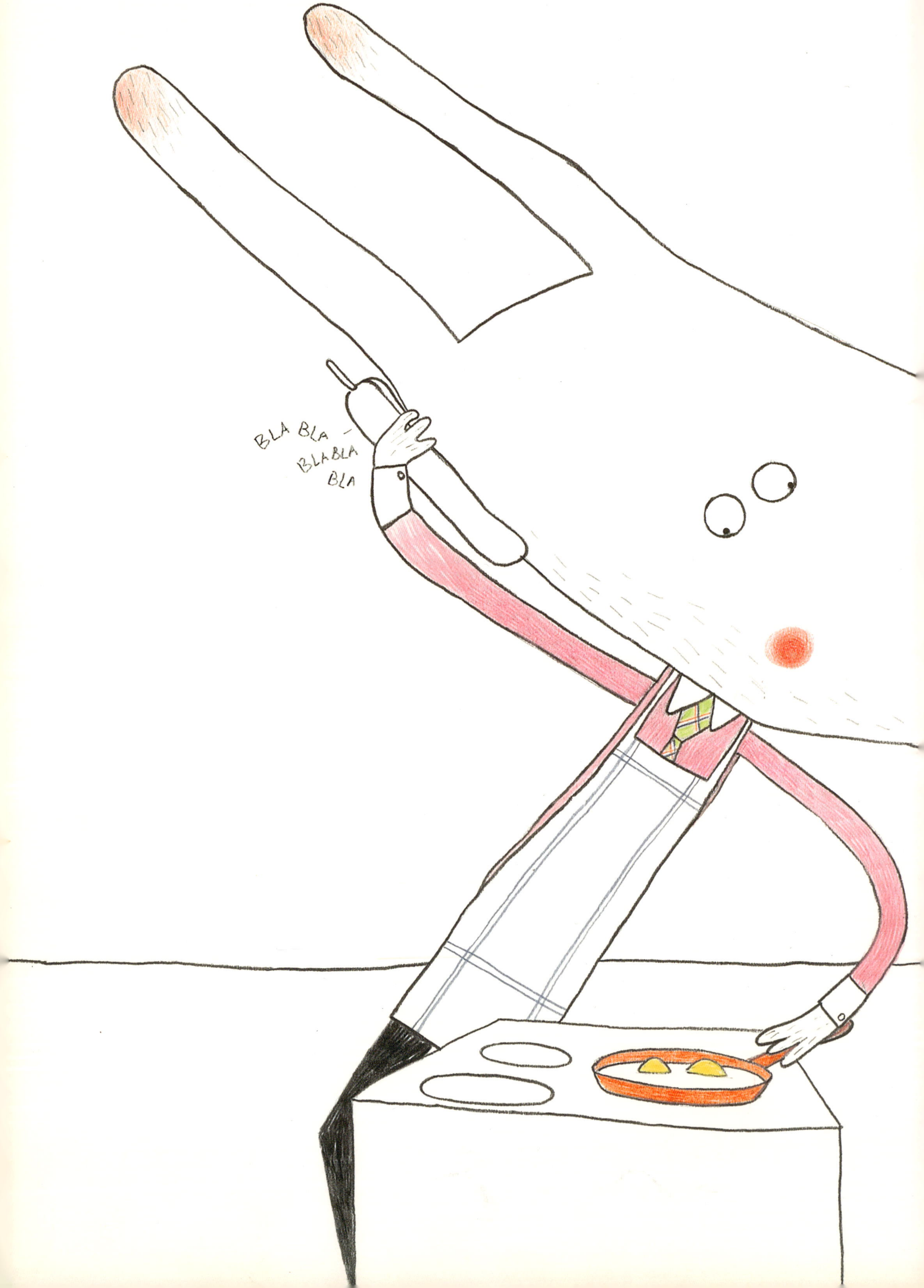
BLA BLA -
BLABLA
BLA

Le soir, mon Papa
à Grande Vitesse
rentre du boulot.
Et c'est reparti !

Recâlinexpressssss !

Câlinj'aipresquefini !

Et câlinsuperexpresss

carjedoisdécrocher !

Le matin, c'est câlinholàlàjesuis superenretard.

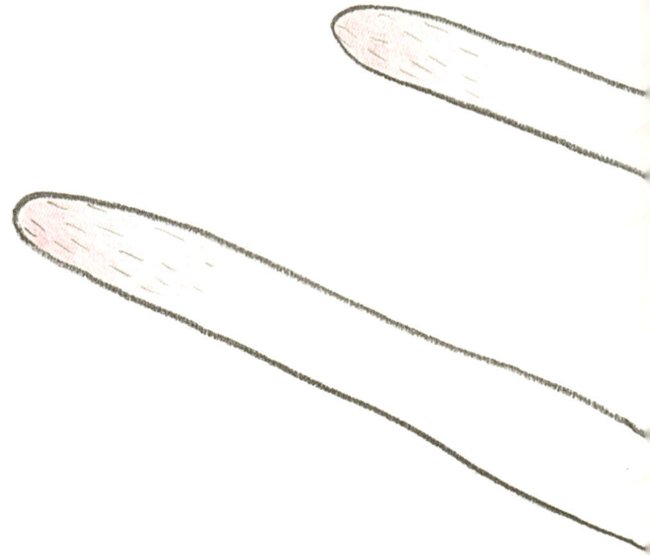

Puis,
c’est le départ…

BLA BLA
BLA BLA
BLA

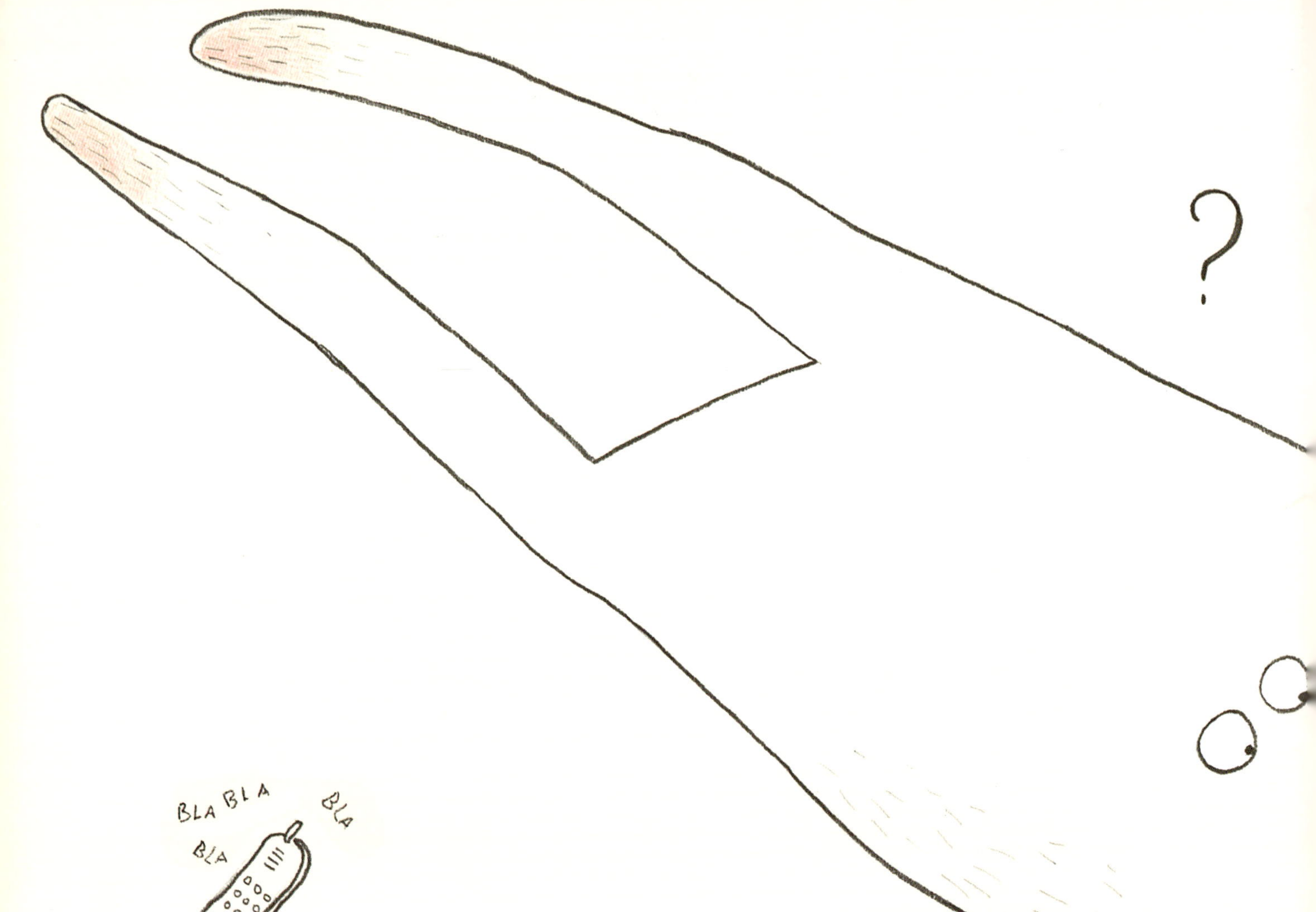
?
BLA BLA
BLA
BLA

Mais, ce matin,

attention,
attention…

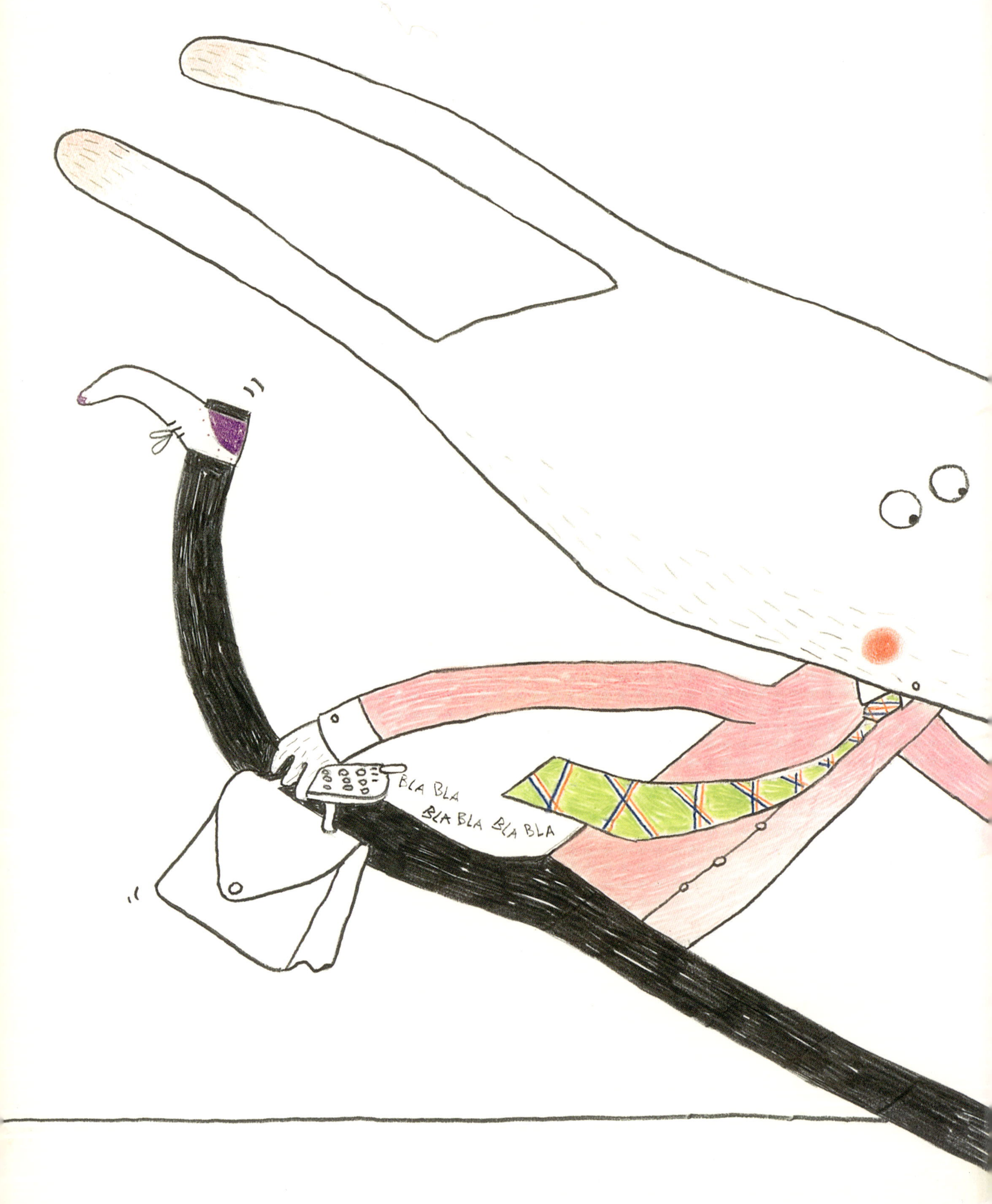
BLA BLA
BLA BLA BLA BLA

En raison
de besoin urgent
de câlins,
le papa express
partira avec un retard
indéterminé !

Alors là…

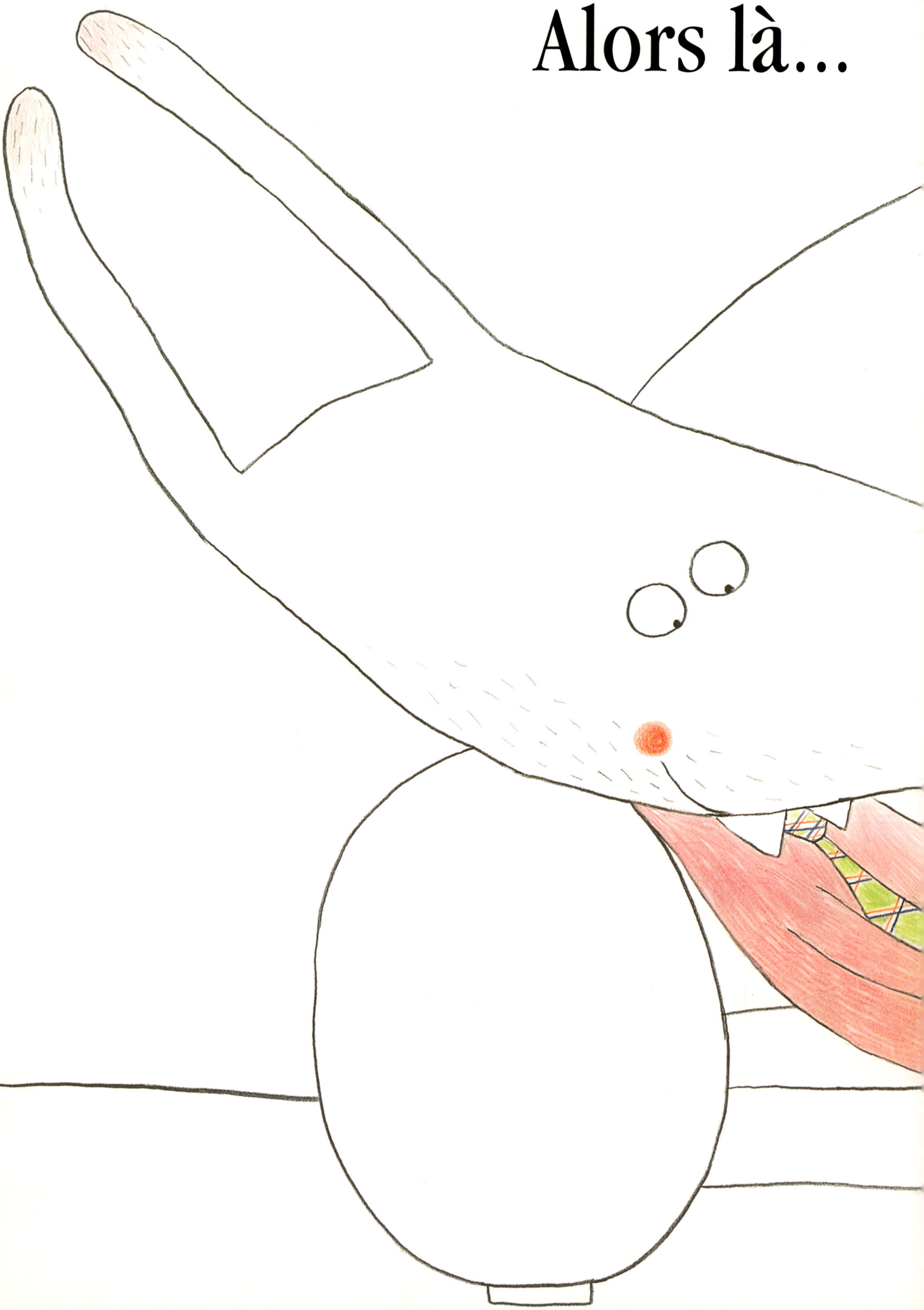

c'est câlind'enfer !

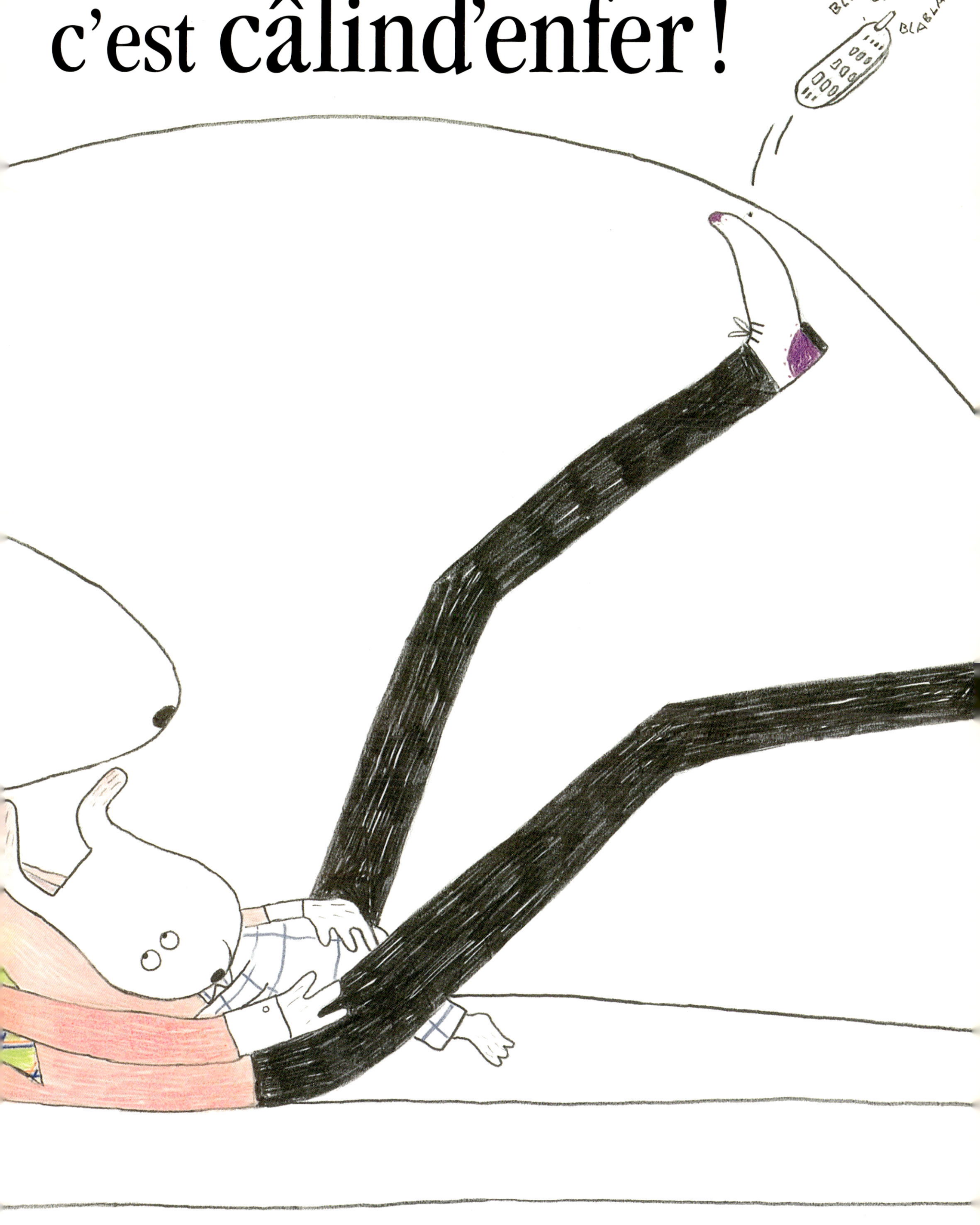

BLABLA BLA … NG DRIIIIN

BLABLABLABLA BLABLA BLABLABL

BLABLA BLABLA BLABLA BLABL

BLABLABLABLA DRIIIIING BLABLABL

BLABLA BLABLA BLABLA BLA BL

BLABLA STOP BLABLABLABLABLABL

BLABLABLABLA VIIIIITE BLABLABL

DRIIIIIIIIIIING BLABLABLABL

RETARD SUPER EN RETARD BLABLABL

BLABLABLABLABLABLABLA BLABL

DRIIING BLABLA BLABLA CÂLIN EXPRES

BLABLA BLABLA BLABLABLABLABL

CÂLIN SUPER RAPIDE BLABLABLABL

DRIIIIIIIIIIING DRIIIIIING BLABL

RETARD RETARD RETARD RETAR

CÂLIN CÂLIN CÂLIN CÂLIN CÂLI